Le Golfe du Morbihan

De Locmariaquer à Port-Navalo

Philip Plisson* ⚓ *Peintre de la Marine

*Textes : **Véronique Méter***

COLLECTION PETITS SOUVENIRS

Editions Pêcheur d'images - Editions Le Télégramme

Golfe du Morbihan, mer intérieure sans rivale

Le Golfe du Morbihan a de multiples visages. Brillante, lumineuse, brumeuse, mélancolique,
la petite mer est un monde dans lequel on se glisse, on se cache, on s'immerge,
pour y vivre protégé entre les bras d'une terre qui a trouvé sa source : en son cœur
toutes ses îles seraient selon les fées ou selon la légende
aussi nombreuses que les jours d'une année.

Va-et-Vient

Deux fois le jour, la terre et la mer célèbrent leur mariage salé : par l'entrée tumultueuse, l'eau s'engouffre, se déverse dans le ventre du Golfe. Par l'unique passage entre Locmariaquer et Port Navalo, entre deux rives si proches à jamais désunies, l'eau bouillonne, s'affole, tourbillonne, se cogne en des courants parmi les plus puissants d'Europe, qui peuvent atteindre huit nœuds.

Des milliards de gouttes d'eau qui se battent pour une place bien au chaud. Des milliards de gouttes d'eau qui feront le voyage jusqu'au monde du silence, jusqu'au fond du cocon. Le Golfe sera plein, les rivages engloutis et les îles comblées d'être mises en beauté. Puis le lent déchirement de l'eau qui se retire chantera de nouveau la douce mélancolie d'un pays sans frontière entre la terre, la mer, la vasière, la lumière : un monde au bord du temps...

Les gens du Golfe

Un matin transparent, le Golfe s'illumine. Les hommes vivent sur l'eau.
Ils pêchent dans les courants, cultivent les sols mobiles ou fouillent dans la vase...
ils cherchent les trésors d'une mer nourricière : morgates, rougets,
crevettes, palourdes, pétoncles, huîtres.

Chalands ostréicoles, chalutiers colorés se partagent la scène...
Mais aussi toutes ces plates,
petites embarcations de bois de préférence...
elles pêchent ou se promènent
et parfois sur l'une d'elle une vieille femme
au regard d'eau devient la mémoire d'un pays.

LA MARIE GALANTE
VANNES

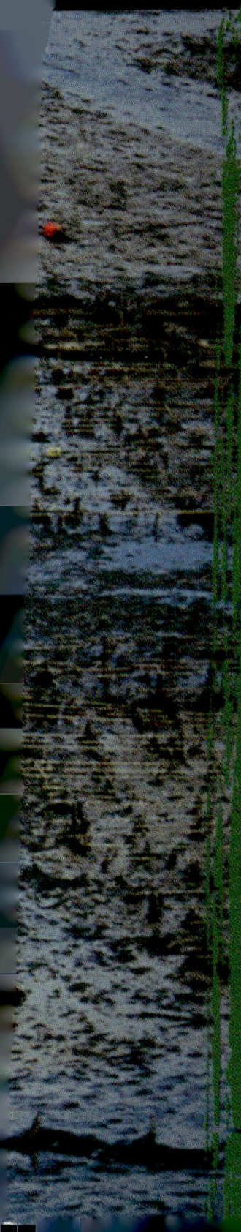

Parcs et piquets

Sur Arradon, Locmariaquer, le grand Vesit ou saint Armel, les ostréiculteurs tapissent les vasières de leurs tables recouvertes de poches pleines et marquent leur territoire de piquets de châtaignier : ainsi à marée haute de drôles de bouts pointus émergent çà et là.

Pêche à Port Anna

Sur Larmor Baden, l'Ile aux Moines, Montsarrac, Arradon, les quelques chalutiers rappellent timidement l'intense activité maritime de jadis. Pourtant au fond du Golfe sur Séné, Port Anna, la valse des canots, rouges, verts, jaunes, bleus, anime le petit port.

JAM ARAUK
AURAY

Pour arriver ici, la mer venue du large a fait tout le chemin qui mène au repère des fiers sinagots, affronté les courants, découvert des joyaux, îlots, îles, cailloux, un voyage intérieur pour s'immobiliser tout au fond du cocon de la petite mer juste pour quelques heures, le temps d'une marée, le temps de repartir. Ici, juste aux abords du goulet de Conleau, les sinagots s'affichent. Sinagots purs et durs... Pêcheurs de père en fils, depuis toujours c'est sûr... Lorsque les hommes partaient pour des campagnes de pêches sur leurs fiers voiliers noirs habillés de voiles rouges, lorsque les femmes souquaient sur leurs deux avirons pour vendre le poisson. La vie était ardente, raide de sel, dure au mal.

CORBEAU DES MERS

JEAN & JEANNE

La mer est un berceau quand les hommes, les bateaux portent le même nom...

SAILS

Il y a longtemps

Le temps sculpte les îles, les hommes défient les temps. Certains témoignages nous parlent du passé. Résultat d'un effondrement géologique qui a permis à l'océan de pénétrer dans les terres, le Golfe du Morbihan date d'il y a environ 8000 ans.

Depuis ces temps reculés, le courant a lentement façonné sa physionomie. Sur ses côtes, les nombreux monuments mégalithiques dateraient d'une époque se situant entre 4500 et 2000 ans avant JC. Le cairn de Gavrinis, le cromlech d'Er Lannic, deux îles situées à l'entrée du Golfe, le grand menhir de Locmariaquer, les pierres d'un autre temps retrouvées sur l'Ile aux Moines, l'île d'Arz, Arzon... sont autant de messages qui nous parlent d'inconnus qui ont vécu chez nous...

L'Ile d'Arz et l'Ile aux Moines

Deux petits mondes sur l'eau, deux petits nids tout chauds.

Autrefois, les marins s'en allaient au long cours... San Francisco, New York, le cap Horn, Bonne Espérance, les hommes partaient en mer pour des mois, des années. Rompus aux hautes solitudes de tous les océans, ils rentraient, saouls de vent, de tempêtes et de froid sur leur caillou baigné dans une mer miniature. Ils embrassaient leurs femmes, découvraient leurs enfants...un monde rond et chaud pour reprendre des forces et repartir au loin...

Aujourd'hui, comme toujours, la vie court en deux temps. Les marins sont partis, les aventures au large ne sont plus du pays, ce sont les citadins, tous ceux du continent, aujourd'hui attirés par les mirages du paradis, qui viennent se reposer hors du temps, hors du monde. Le ronronnement des tourterelles et les heures des marées rythment les chaudes journées. La lenteur perdue trouve ici refuge.

Lorsque le temps des mûres, des journées écourtées revient au grand galop, il est l'heure de rentrer pour tous ces amoureux clandestins d'un été, d'un printemps de cristal qui a offert sa sève. Les bernaches, les tempêtes, les éclairs de lumières reprendront vite leur droit. Il restera encore et peut être toujours tous ceux qui ne veulent pas quitter deux navires frères qui ne voyageront pas.

Entrée du Golfe

Aux portes du Golfe, Notre Dame de Kerdro, pointe de Kerpenhir affronte la houle de sud. C'est à Locmariaquer que cette dame de pierre, semble née du courant. Sur cette petite commune s'étendent à perte de vue et jusqu'au fond de la rivière d'Auray les parcs ostréicoles, riche fierté du lieu.

De l'autre côté,
Port Navalo sœur de roche
si lointaine et si proche à la fois,
comme un corps tendu,
marque le finistère
de la presqu'île de Rhuys.
Une côte jumelle que sépare
une centaine de kilomètres à terre.

Voiles en fête

Du printemps à l'été, sous le soleil exactement, sur la mer claire juste au-dessus, les voiliers dansent, les marins bronzent, le Golfe s'amuse. Ça va chauffer sur les plans d'eau. Les sportifs, les cossus, les protos, les vieillots, ils seront tous sur l'eau, mais le chic aujourd'hui ce sont les plates en V, ces dériveurs replets, en bois ça va de soi, photogéniques à souhait.

Ces anciennes plates du Golfe parfaites pour le terrain, puisqu'elles peuvent échoner sur toutes les plages et ne pas se laisser coincer par les marées et la traître vase, s'achètent comme des petits pains, si bien, si soudainement qu'il fallut en reconstruire de nouvelles, à l'identique s'il vous plaît... Pendant le festival de la voile de l'Ile aux Moines à la mi-août, elles crânent et se régalent.

2
4
24
16
17

Grands noms de la voile,
amoureux de toujours ou nouveaux amateurs
se partagent le plaisir d'apprivoiser le Golfe à la barre de bijoux.

Maison Rose

Au sortir du goulet de Conleau, la maison rose, amer remarquable, princesse de Port Anna, surgie de l'onde à marée haute, les cales envasées lorsque la mer descend, est devenue un repère pour tous les marins. Lorsque de ses voiles rouges un sinagot la croise, un peu de l'âme du fond de la petite mer est offerte, vendue aux visiteurs charmés.

VA 280046

Berder

Tous les chemins mènent à Berder. De cette reine de beauté on court vers les courants, mais on peut aussi virer vers Baden et rejoindre la rivière d'Auray, ou abattre vers Penhap pointe sud de l'Ile aux Moines, ou d'un autre côté vers la rive d'Arradon, ou bien tout simplement empanner et sortir en pleine mer, vers Belle-île, Houat, Hoëdic, Méaban. Berder, île et presqu'île, puisque le promeneur peut l'accoster à pied lorsque la marée baisse, est belle à en rêver.

Entre deux

Par un matin frileux, caché dans le nuage,
le bruit sourd et lointain d'une plate solitaire alourdit le silence.
Un doute plane sur la réalité du monde.
Dans un blanc parfum d'eau, elle est venue se perdre...

Rivière

La pointe du Blaire, une presqu'île sur l'anse de Baden, pointe l'entrée de la rivière d'Auray. De cette langue de terre, faillit naître un projet qui eût tout bouleversé : le calme et la quiétude. L'ancien directeur de la compagnie française du Câble Transatlantique, propriétaire au début du siècle du château de Berder, avait pour grand projet de construire sur le Golfe un port en eau profonde directement relié au continent par le chemin de fer : l'entreprise commencée ne vit jamais le jour. Il ne reste aujourd'hui qu'une ruine perdue qui propose au marin une entrée en rivière... salée et verdoyante. Car sur ce bras de mer la végétation chante.

AURAY

Une treille s'élance hors du jardin clos, un petit mur de pierre alourdi par la mousse s'écroule sur la rive, les hortensias bleus, roses sortent leurs têtes trop grosses des fenêtres maquillées. Au détour d'une côte, une petite anse boisée veut se croire au Québec, miniature tout de même... Une promenade en mer envahie par les fleurs, les arbres et les piquets de parc pour arriver au bout du bout d'un bras de mer du Golfe du Morbihan : Le Bono, Saint-Goustan, nous voilà arrivés dans le fief des Forbans... les fièrement nommés canots à voiles rouges, jumeaux des sinagots.

Hiver

Pour ne pas se perdre dans la brume et la bruine, sous les larmes répétées d'un hiver qui pleure souvent très doucement, pour attendre le printemps violent et ébloui, les corps et les cœurs sont souvent à l'abri. Puis les nuages volent au-dessus du soleil, les couleurs s'affolent, s'unissent, se bagarrent. Dans les parfums d'ajoncs, de sable et de rosée, le matin transparent illumine la mer close. C'est le temps des voiliers, des régates, des baignades. Un secret mal gardé se révèle au monde... Le monde le prend d'assaut...

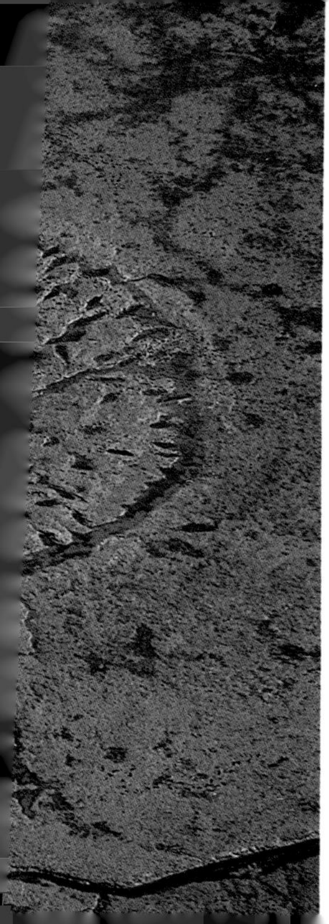

Danse

Lorsque nous sommes couchés
et que la lune brille,
les bateaux dansent ici.
Ils dansent dévêtus sans voile,
sans mât, leurs atours envolés
sur la vasière complice.

Gulf of Morbihan

Texts: Véronique Méter

Unrivalled inland sea

The Gulf of Morbihan has many faces. Dazzling, luminous, misty or melancholy, this small sea is a world into which one can glide, hide and be submerged, living sheltered in the arms of a land, which has found its source. All the islands at its heart are, according to fairytale or legend, as numerous as the days in the year.

Coming and Going

Twice a day, the land and sea celebrate their briny marriage. Seawater surges in through the entrance to the Gulf and is dispersed into its heart. Between the two closely positioned though nonetheless divided banks of Locmariaquer on one side and Port Navalo on the other, lies the only way in. The water foams, hurtles and swirls through the passageway on currents, which are amongst the strongest in Europe, reaching speeds of up to eight knots. Thousands of drops of water do battle for a place in the warmth. Thousands of drops of water will make the journey to a deeply cocooned world of silence. The Gulf will fill up, the banks will be swallowed up and the islands will be content with their renewed beauty. Then the slow tearing sound of the retreating water will signify again the gentle melancholy of this land without borders, lying between land, sea, mudflat and light, like a world on the edge of time.

The people of the Gulf

On a clear morning, the Gulf is filled with light and the people take to the water. They fish the currents, farm the shifting ground or dig the mud. They are looking for the riches of a nurturing sea - morgay, mullet, shrimps, clams, queen scallops and oysters. Oyster barges and colourful trawlers share the scene, along with many other favourite types of wooden craft. They fish or sail to and fro and, sometimes, on board there is an old woman, with the water in her eyes and the land's collective memory in her care.

Beds and posts

At Arradon, Locmariaquer, Le Grand Vesit and Saint Armel, the oyster farmers carpet the mudflats with beds of full oyster sacks, marking their territory with chestnut posts. As a result, at high tide, strange pointed ends emerge here and there from the water.

SAINT-PHILIBERT

BRETAGNE SUD

COULEURS DE BRETAGNE

SAINT-PHILIBERT • 56470 (MORBIHAN)

Vue générale

PRODUIT EN BRETAGNE

11849

Chère Maman et Mon Papa

La vie telle que je la savoure est un rêve. Le bonheur en est assuré. Je pense très fort à vous et vous embrasse tous très fort

Le david

Éditions d'Art • ÉDITEUR-FABRICANT • 22700 LOUANNEC

Jack

3 660081 000015

Fishing at Port-Anna

At Larmor Baden, the Ile aux Moines, Montsarrac and Arradon, a few trawlers offer a timid reminder of the intense maritime activity of the past. However, at Séné and Port Anna in the heart of the Gulf, the waltzing red, green and yellow boats still enliven the little harbour. To reach this point, the water from the open ocean has journeyed all the way to the landmark of the proud "Sinagots". It has confronted currents and discovered the treasure of islands large and small, of rocks and pebbles. It has travelled right to the heart of this small sea, staying for just the few hours needed for the tide to rise and then depart again. Here, surrounding the Conleau narrows, the boats known as "sinagots" put on a display. The people who are born and bred "Sinagots" are a hardy race. The men are fishermen, both fathers and sons, and have always been so. Ever since the days when the men went off on fishing trips in their proud, black sailing boats trimmed with red sails and the womenfolk put their backs into selling the fish, it has been so. Life was lived with a passion, toughened by salt and hardened by suffering. The sea is a cradle when men and boats bear the same name.

A long time ago

Time carves out the islands and men seek to defy time. Both leave traces of the past, which still remain. The Gulf of Morbihan resulted from a geological collapse around 8000 years ago, which allowed the ocean to make inroads into the land. Since these ancient times, the current has slowly worked at the land's formation. The numerous megalithic monuments along the coasts are thought to date from a period between 4500 and 2000 years BC. The Gavrinis Cairn and Er Lannic Cromlech, on two islands situated at the entrance to the Gulf, the great menhir at Locmariaquer and the stones from another age found on the Ile aux Moines, Ile d'Arz and Arzon, speak of those unknown persons who lived here before us.

L'Ile d'Arz and l'Ile aux Moines

The Ile d'Arz and Ile aux Moines are like two small floating worlds, protected and offering protection. In the past, sailors set off on long voyages to San Francisco, New York, Cape Horn and the Cape of Good Hope. They spent months, even years, at sea and returned to their warm pebble of an island set in a miniature sea, broken by the great loneliness of the world's oceans and intoxicated by the winds. They hugged their wives and rediscovered their children. They gathered their strength in this compact, cosy world to leave again for distant places. Today, as always, life exists on two levels. The sailors have gone and the adventures of the open ocean are no longer part of this place. It is the town dwellers from the mainland, who, attracted by the vision of paradise, come today to relax beyond time and place. The cooing of the doves and the times of the tides set the rhythm of warm days. The slower pace of life, now lost elsewhere, has found refuge here. When it's blackberry time, the shorter days return at full gallop and, for all those secret lovers of summer and crystal, energising spring, the time has come to go home. The geese, storms and lightning will quickly reassert themselves. There will perhaps always be those, who do not want to leave these two fixed points, companion ships on a voyage to nowhere.

Entrance to the Gulf

At the gateway to the Gulf, the Pointe de Kerpenhir headland confronts the southerly swell. At Locmariaquer, Notre Dame de Kerdro, "our lady of stone", seems to rise out of the current. The oyster beds, a great source of pride for this small commune, stretch away out of sight, reaching far up the river Auray. On the other side, Port Navalo, its rocky sister, stands so near and yet so far, outstretched like an arm, marking the headland of the Rhuys peninsula. One hundred kilometres of land separate this coast from its twin.

The River

The Pointe de Blaire headland is a peninsula on the bay of Baden at the mouth of the river Auray. A project was almost established on this tongue of land, which would have changed everything and disturbed its peace and quiet. A former director of the French Câble Transatlantique Company and owner of the Château de Berder at the beginning of last century, devised a major plan to construct a deep-water harbour in the Gulf, linked to the mainland by a railway. This enterprise was begun, but never saw the light of day. All that is left of it today is an isolated ruin, which for sailors marks the entrance to a lush, salt-water stretch of river. Around this strip of seawater, the vegetation thrives: a vine escapes from an enclosed garden, a low wall crumbles on the bank under the weight of moss and heavy-headed blue and pink hydrangeas brighten up windows. At a bend in the coast, a small wooded cove gives the impression of Quebec in miniature. An invasion of flowers, trees and oyster-bed posts accompanies a trip to the far reaches of the sea inlets in the Gulf of Morbihan. Arriving at Le Bono and Saint Goustan, we reach the fiefdom of the "forbans", proudly named, red-sailed boats and sister craft to the "sinagots".

Winter

So as not to lose their way in the fog and mist and the incessantly falling tears of soft winter rain, bodies and souls do not often leave shelter. Instead, they await the violent, dazzling spring, when clouds fly across the sun and combining and clashing colours burst out in a rush. Amidst the scents of gorse, sand and dew, the clear morning lights up the enclosed sea. Now is the time for yachts, regattas and swimming. No longer a secret, this place is revealed to the world and the world takes it by storm.

Dancing

When we are in bed and the moon is up, the boats here dance. Unclothed and without sails or mast, they dance, their finery vanished into thin air above the complicit mudflats.

A celebration of sails

From spring through summer, under a full sun and with the clear sea below, the yachts dance, sailors sun themselves and the Gulf has fun. Things are heating up out on the water as sporty, luxury, "proto" and antiquated craft all put to sea. But the latest thing is the V-shaped punt, a dumpy wooden dinghy, which virtually sails itself and is a dream to photograph. This old-style of flat-bottomed Gulf boat is perfect for the conditions: it can come ashore on any beach and doesn't get trapped by tides or treacherous mud. All of a sudden, it's selling like hot cakes and has become so popular that new ones have had to be produced – "just like that one, please". They have a wonderful time showing off during the sailing festival on the Iles aux Moines in mid August. Big names in sailing, long-time lovers of the sport and those who are new to it share the pleasure of taming the Gulf at the helm of this perfect little craft.

The rose-coloured house

At the exit to the Conleau narrows, the rose-coloured house rises above the waves at high tide and sees its slipways return to mud as the sea retreats. The remarkable Port Anna landmark is now used by sailors as a navigational aid. When the red sails of a "sinagot" pass by in front of it, a little bit of the spirit of this small inland sea is offered up to enchanted visitors.

Berder

All roads lead to Berder. Starting from this perfect spot, we can head for the currents or turn towards Baden and the river Auray. We might instead swoop down towards Penhap, southerly point of the Ile aux Moines, or towards another coast along the Arradon shore. Then again, we might simply alter course and head for the open sea towards Belle Ile, Houat, Hoedic or Méaban. Berder, both island and peninsula, which can be reached on foot at low tide, is as beautiful as it's possible to imagine.

In between

On a chilly morning, hidden by cloud, the dull and distant sound of a solitary boat deepens the silence. Doubt is cast over the reality of the world. Has the craft lost its way in the water-filled whiteness?

Post-Scriptum

l'île aux Moines

l'île d'Arz

Un monde au bord du temps.

Collection Petits souvenirs

La route des Quatre Phares • Rade de Brest • Petite Mer d'Etel
Phares en Iroise • Belle-Isle-en-Mer • De la Trinité à Saint-Philibert
Baie de Morlaix • Phares de Bretagne Sud • Phares de Bretagne Nord
La Côte de Granit Rose • La Côte de Goëlo

Edition : Editions Pêcheur d'images - Editions Le Télégramme
Maquette : Editions Pêcheur d'images / Mathilde Delattre
Photogravure : Imprimerie Le Govic, Nantes
Impression : SYL - Cornellà de Llobregat, Barcelone

Dépôt légal : premier trimestre 2001
ISBN : 2-909292-98-3

www.editions-pecheur-d-images.com • pecheur-d-images@pecheur-d-images.com
www.bretagne.com